الوزيرُ البديل وأثرُ الفيل

AF729191

دار جامعة حمد بن خليفة للنشر
HAMAD BIN KHALIFA UNIVERSITY PRESS

اختلفَ السلطانُ مع وزيرِهِ ظريف ذاتَ يومٍ، فطردهُ من القصرِ.

عيَّن السلطانُ وزيرًا جديدًا اسمُهُ سمعان مكانَ ظريف، لكي يُغيظهُ ويشعرَهُ بالغيرةِ.

اغتاظَ ظريف بالفعلِ، فغادرَ بيتهُ، واختبأَ في بلدةٍ بعيدةٍ اسمُها تلُّ الجوزِ، متنكّرًا بهيئةِ مزارعٍ بسيطٍ.

بينما السلطانُ ووزيرُهُ الجديدُ يستطلعانِ
أحوالَ البلادِ، وجدا أثرَ قائمةِ فيلٍ.

قرَّرَ السلطانُ أن يختبرَ وزيرَهُ سمعان، ويعرفَ مستوى ذكائِهِ ونباهتِهِ، فطلبَ منهُ أن يحرسَ أثرَ الفيلِ ثلاثةَ أيَّامٍ.

عادَ السلطانُ إلى قصرِهِ، وبقيَ الوزيرُ سمعان يحرسُ الأثرَ. لم يكنْ معَهُ طعامٌ أو شرابٌ، ولكنَّهُ لم يتركْ مكانَهُ.

بقيَ يكابدُ العطشَ والجوعَ ثلاثةَ أيَّامٍ. أرادَ تنفيذَ أوامرِ السلطانِ حرفيًّا، من دونِ أن يُفكِّرَ في فائدةِ ما يقومُ بهِ.

عادَ الوزيرُ سمعان إلى القصرِ هزيلًا سقيمًا، على وشكِ أن يُغمى عليهِ.

قالَ للسلطان: «نفَّذتُ أوامركَ، بقيتُ أحرسُ أثرَ الفيلِ ثلاثةَ أيَّامٍ».

ولكنَّ هذا لم يُسعدِ السلطانَ. اكتشفَ أنَّ وزيرَهُ الجديدَ لا يملكُ الذكاءَ الكافي ولا يُجيدُ التصرُّفَ.

لذا قرَّرَ السلطانُ إعادةَ ظريف، فأرسلَ جنودَهُ للبحثِ عنهُ.

ولكن، لم يُعثرْ على ظريف أبدًا.

فكَّرَ السلطانُ بحيلةٍ ذكيةٍ لإستعادةِ وزيرِهِ الذكيِّ.

أعلن السلطانُ التالي: «على أهلِ السلطنةِ أن يُحضروا آبارَهم إليَّ، ومن سيفشلُ في إحضارِ بئرِهِ سيدفعُ للخزينةِ عشرةَ آلافِ ريال».

احتارَ الناسُ في هذا البيانِ.

كيفَ يُمكنُهم إحضارُ آبارِهم إلى السلطانِ؟

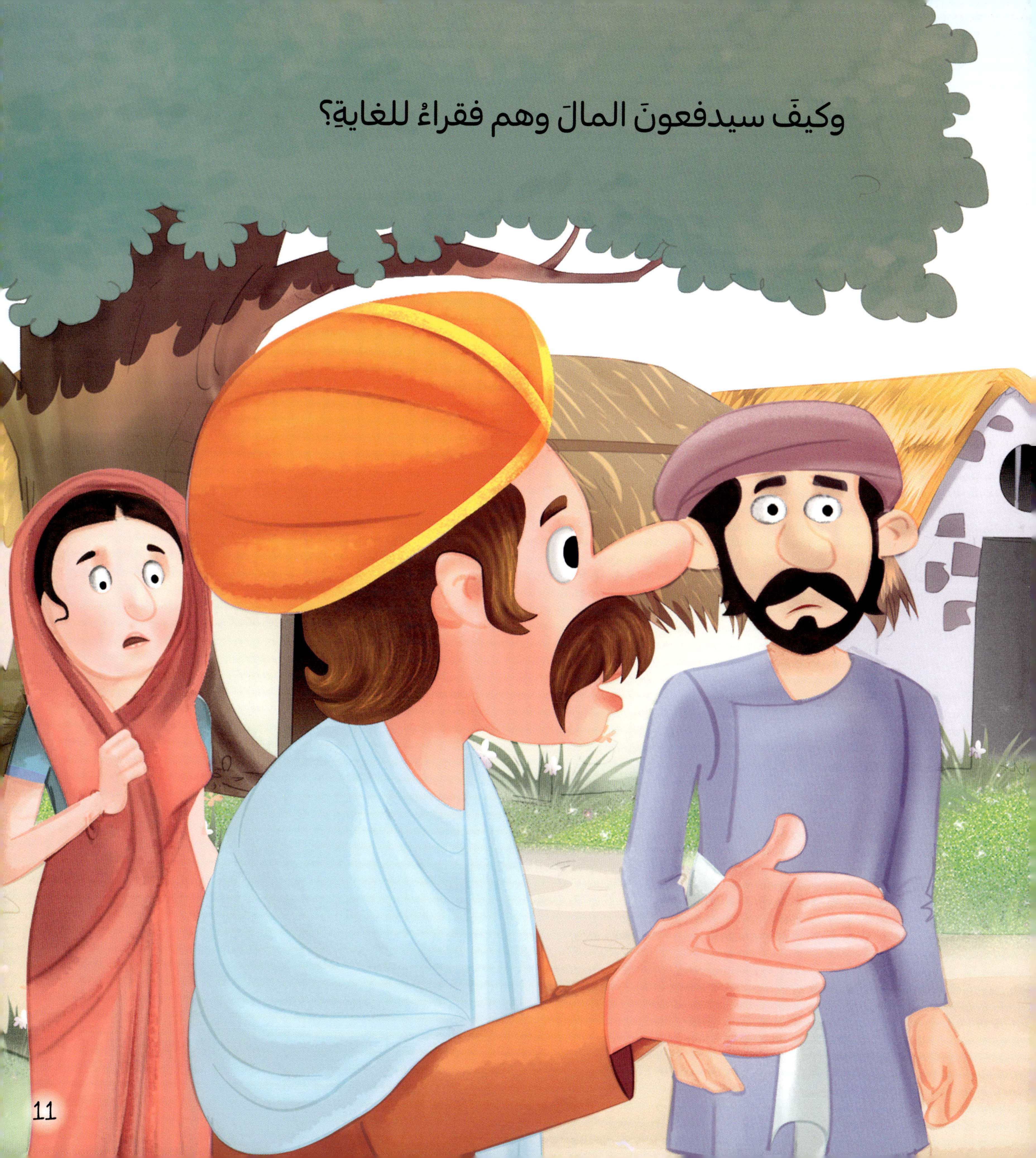
وكيفَ سيدفعونَ المالَ وهم فقراءُ للغايةِ؟

لم يعدْ للناسِ في السلطنةِ من حديثٍ سوى نقلِ الآبارِ.

وصـلَ الخـبرُ لظريـف في مخبئِـهِ البعيـدِ، ففكَّـرَ في حـلٍّ ذكيٍّ لمشـكلةِ النـاسِ الفقـراءِ.

اتَّفقَ معَ جيرانِهِ على تنفيذِ خطَّةٍ بسيطةٍ.

ذهبَ جيرانُ ظريف إلى حدودِ عاصمةِ السلطنةِ، وأرسلوا للسلطانِ الرسالةَ التاليةَ: «نحنُ أهالي تلِّ الجوزِ، وقد أحضرنا آبارَنا فأرسلْ لنا آبارَكَ لتستقبلَها».

حينَ قرأَ السلطانُ الرسالةَ، عرفَ أنَّها فكرةُ ظريف، وعرفَ بالتالي أينَ يمكنُهُ أن يجدَهُ.

أرسلَ جنودَهُ إلى بلدةِ تلِّ الجوزِ فأعادوا الوزيرَ المتخفِّي إلى القصرِ.

رحَّبَ السلطانُ بوزيرِهِ وأعادَهُ إلى منصبِهِ.

بالطبعِ، حلَّ ظريف مسألةَ أثرِ أقدامِ الفيلِ بطريقتِهِ.

صنعَ سياجًا من الحبالِ والقضبانِ حولَ الأثرِ، وقالَ للناسِ إنَّ البيوتَ المحيطةَ بهذا السياجِ ستُهدمُ، ليتأكَّدَ السلطانُ من سلامةِ أثرِ الفيلِ.

توسَّلَ الناسُ إلى ظريف ليُبقي بيوتَهُم، وتعهَّدوا أن يحرسوا أثرَ الفيلِ بأنفسهِم.

وهذا ما كانَ.

تمَّتْ حمايةُ الأثرِ، وفرحَ السلطانُ بالحلِّ الذكيِّ، ولم يصدرْ أيَّ قراراتٍ غاضبةٍ أخرى.